DIFERENÇAS
NÃO
SEPARAM

VLADIMIR ÁVILA

pelo espírito

RANIERI

DIFERENÇAS NÃO SEPARAM

Editora Aliança

1ª edição, 1ª reimpressão, abril/2005, do 4º ao 6º milheiro

Título

DIFERENÇAS NÃO SEPARAM

Autor

Vladimir Ávila

Revisão

Maria Aparecida Amaral

Editoração

MMS

Capa/Ilustrações

Elifas Alves

Impressão

Assahi Gráfica e Editora Ltda.

Ficha Catalográfica

Ávila, Vladimir 1955-
A763d Diferenças não Separam / Vladimir Ávila
1ª edição - São Paulo: Editora Aliança - 2000
120 págs.

1. Espiritismo 2. Espiritismo I. Título

CDD - 133.9

EDITORA ALIANÇA

Rua Francisca Miquelina, 259 - Bela Vista - São Paulo - SP
CEP 01316-000 - Fone: 3105-5894 - Fax: 3107-9704
e-mail: alianca@alianca.org.br

ÍNDICE

PREFÁCIO

Não aceitar a religião do próximo por diferenças de conceitos religiosos não mais deveria existir entre os homens. Vivenciar diferenças é acentuar sectarismos, é prova de grande desamor, é desrespeito à Lei Divina do livre-arbítrio, é falta de confraternização.

Os assuntos abordados neste livro são válidos, úteis e sempre atuais. É interessante ler filigranas delicadíssimas como estas que Ranieri, do Plano Espiritual, nos brinda através da mediunidade do irmão Vladimir. Tomara que outros ensinamentos nos venham por intermédio destes amigos.

As diferenças entre as pessoas são bênçãos divinas. Monótona seria a vida sem elas. Todos os minutos são diferentes uns dos outros. Cada amanhecer é uma nova era a se iniciar. Quem não percebe estas realidades não está, ainda, integrado à realidade que nos rodeia.

Científica, filosófica, biológica e religiosamente somos diferentes, mas divinamente temos o destino comum de nos integrar a Deus, em decorrência do esforço que fizermos na vivência do Amor Fraterno.

Conhecendo conscientemente os Evangelhos de Jesus Cristo, complementados pelos ensinamentos da Doutrina dos Espíritos, percebemos o quanto é simples, fácil, doce, ameno e gratificante o Caminho, a Verdade e a Vida que Jesus, amorosamente, nos recomenda observar e trilhar. Caminho: amor fraterno, eliminando as diferenças criadas por nós. Verdade: liberdade com responsabilidade, aplainando sendas. Vida: serviço para o maior bem de todos.

É o postulado *"Fora da caridade não há salvação"*, firmando-se entre os homens em todos os quadrantes do Globo Terrestre.

O presidente americano Bill Clinton em um de seus discursos afirmou: *"Para conviver em harmonia basta entender a importância das diferenças e confiar no poder da união"*.

Sua Santidade o Papa João Paulo II rezou junto ao Muro das Lamentações, em Jerusalém, se esforçando para eliminar diferenças.

As respostas dadas às peguntas n°s 804 a 807 em *O Livro dos Espíritos* são muito significativas. Os capítulos n°s 29 e 78, respectivamente, dos livros *Na Semeadura I e II*, de Edgard Armond, também são muito esclarecedores.

Ranieri, neste seu livro, nos ensina: "diferenças não são para separar, mas simplesmente para enriquecer" e nos atualiza sobre outros assuntos que merecem nossa atenção nos dias de hoje.

Almejamos grande divulgação deste livro, não só pelo seu instrutivo conteúdo, como também para aumentar a arrecadação mensal da Creche Meimei, para o maior bem das criancinhas que lá estão.

Sinceramente é o que sentimos ao ler este pequeno-grande livro do Vladimir, a quem agradecemos a bondade de lembrar nosso nome para esta honrosa tarefa de prefaciá-lo, a qual cumprimos com toda humildade.

São Paulo, maio de 2000

Azamar B. Trindade

INTRODUÇÃO

Nos meados de 1987, trabalhando na área de desenvolvimento mediúnico do Centro Espírita Apredizes do Evangelho de Vila Manchester, tivemos oportunidade de conviver com diversos companheiros e companheiras portadores de mediunidade psicográfica, fato que motivou-nos a criação de um grupo de atividades específico, já que nas Casas Espíritas trabalhos deste tipo, são pouco realizados devido à crença cristalizada de que tais atividades apenas excitam a curiosidade das pessoas e não motivam a reflexão ou a reforma íntima por situarem-se no campo restrito do fenômeno.

Nosso maior desejo, na época, era aprimorar as potencialidades mediúnicas latentes em cada médium, inclusive as nossas, e posteriormente definir que utilização prática dar-se-ia a elas.

Iniciamos num grupo pequeno que se concentrava e psicografava mensagens de amigos espirituais e necessitados que não se dirigiam a ninguém especificamente, mas ao grupo, de maneira geral.

Passados alguns anos de trabalho e estudo circunscrito, decidimos tornar o trabalho público, cuidando para que seu cunho fosse absolutamente doutrinário e de auxílio fraterno.

Assim decidimos que o modelo do trabalho seria o da própria assistência espiritual preconizada no programa da Aliança Espírita Evangélica: enquanto o grupo mediúnico reunido em ambiente reservado concentra-se para a comunicação com os irmãos desencarnados, os assistentes permanecem em outra sala participando de uma reunião de cunho espírita-evangélico. Tal modelo mostrou sua perfeita adequação pois grande parte dos assistidos, mesmo sem receber a mensagem do parente desencarnado que buscava, posto que estas são raras, passaram a freqüentar o trabalho de assistência espiritual e, posteriormente, a Escola de Aprendizes do Evangelho, motivados pelo conhecimento e apoio que receberam em nossas singelas reuniões.

Desde as primeiras reuniões públicas pudemos notar a presença do espírito Ranieri. Costumeiramente dirigia sua mensagem ao grupo, como um todo, e em muitas oportunidades sua palavra contundente e precisa vinha de encontro ao tema apresentado aos assistentes sem que o soubéssemos de antemão.

Durante alguns anos acumulamos as mensagens de Ranieri e de outros irmãos espirituais que passaram a brindar-nos com sua orientação fraterna e carinhosa.

É bem possível que se a necessidade financeira da Creche Meimei, obra social do CEAE Vila Manchester, não tivesse inspirado o nosso irmão Paulo Amaral a propor-nos a elaboração de um livro, toda esta riqueza de pensamento, conhecimento e objetividade continuasse restrita a muito poucos.

Foi com esse objetivo que concordamos em compilar e corrigir as mensagens para composição desta obra. Ela carrega em si nosso duplo desejo: divulgar a mensagem de Ranieri e conseguir fundos para a manutenção e alimentação das quase duzentas crianças de nossa creche. Ela com certeza não será a última, pois dispomos de vasto material psicografado por tantos trabalhadores dedicados que como nós mesmos acreditam toda mediunidade é digna, desde que seu fruto seja destinado a uma causa justa e nobre. Meu agradecimento especial a todos.

Vladimir Ávila

"PROCURAI E ACHAREIS, BATEI E ABRIR-SE-VOS-Á"

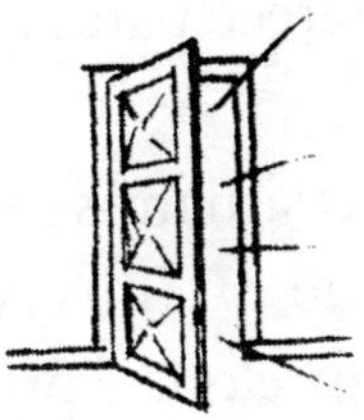

Com estas sábias palavras queria Jesus, o mestre dos mestres, transmitir aos de seu tempo, que é preciso ajudar a vida para que a vida nos ajude.

A natureza é pródiga, porém se não aprendermos a utilizá-la com sabedoria, ela pode se revoltar contra nós e nos destruir.

Assistimos hoje, o homem esperando passivamente que tudo se resolva, antes de buscar soluções para seus problemas. É o que costumamos chamar crise de iniciativa. É indispensável que tenhamos iniciativa em todas as nossas atividades a fim de cumprir os verdadeiros desígnios para os quais fomos criados.

O homem sente fome, mas se não tiver a iniciativa de alimentar-se morrerá. O homem sente frio, sede, mas se não tiver iniciativa de proteger-se e saciar-se perecerá. O homem sente necessidade de construir, exercitando o dom da criatividade, mas se não colocar mãos à obra, tudo não passará de abstração, imaginação inútil.

Dar o primeiro passo, é em tudo na vida, o momento mais importante. Se nós não nos achamos satisfeitos com o que temos, devemos ter a iniciativa de lutar pelo que desejamos. Se nosso relacionamento familiar e afetivo não vai bem, precisamos ter a iniciativa de dialogar e encontrar as soluções.

A iniciativa não tolhe a vontade alheia, apenas facilita o seu desenvolvimento. A iniciativa não destrói o pensamento do nosso próximo, apenas oferece paradigmas novos para sua reflexão.

Irmãos em Cristo, se nossas iniciativas situam-se ainda no campo restrito do pensar e esperar que o Universo se mobilize para nos ajudar, recordemos sempre que é preciso bater para que as portas se abram e encontremos o que procuramos.

"SEJA SEMPRE O TEU DIZER SIM, SIM OU NÃO, NÃO"

O mundo de hoje exige das pessoas determinações claras e bem definidas, a fim de que tempo, dinheiro e experiência não sejam desperdiçados.

Todos conhecemos perfeitamente a dificuldade de nos orientarmos quando utilizamos referências duvidosas e pouco claras.

Muitas vezes, quando definimos uma meta, e o caminho que até a ela conduz se mostra confuso, sentimo-nos suficientemente inseguros a ponto de questionar a própria meta. Especialmente no que se refere a sentimentos, dizemos uma coisa sentindo outra; atribuímos a terceiros a responsabilidade do entendimento daquilo que não mostramos, ou em outras palavras transferimos, através da indefinição, o que vai dentro de nós para o entendimento de outrem.

Quando desejamos muito que alguém nos ame, passamos a hostilizá-lo a fim de sermos percebidos e o que recebemos como resposta é a indiferença e a irritação.

Com aqueles com quem convivemos não somos absolutamente claros, e mostramos o nosso estado mental apenas com expressões faciais, geralmente carregadas e nada mais.

No ambiente de trabalho, aqueles que nos dirigem,

ou que são por nós dirigidos, não recebem tratamento diverso. Continuamos verdadeiramente incapazes de demonstrar e assumir nossos próprios sentimentos, sejam eles quais forem.

A característica principal de um adulto espiritual é enfrentar a si próprio, mesmo não sabendo perfeitamente o que vai encontrar. É optar pelo **sim** ou pelo **não**, mesmo sem ter certeza da definição. O **talvez** não é um beneplácito de dúvida, mas um adiamento de questões para as quais o tempo exige resposta imediata.

Pensa, companheiro, no tempo que gastas para decidir e percebe que poderias ter feito duas, três ou mais vezes o que realizaste, se tivesses decidido na primeira vez.

A VOZ DE DEUS NOS SONS DA NATUREZA

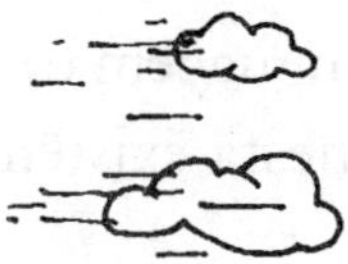

Certa vez Jesus caminhava à beira do mar da Galiléia e encontrando uma concha, tomou-a nas mãos, levou-a ao ouvido e disse a seus discípulos: "Aquele que deseja ouvir e entender os sons do Universo, deverá estar integrado ao Pai, pois estes sons são a sua linguagem".

Com efeito, se nos detivermos na contemplação dos sons da natureza ficaremos apenas no campo das impressões e nosso juízo restringir-se-á ao valor de agradável ou desagradável, porém se procurarmos decifrar nos sons as mensagens divinas, certamente encontraremos aí a oportunidade de aprender e crescer.

Quanto mistério existe no som do vento dobrando as árvores, uivando nos vales, e farfalhando entre as ramagens. Quanta poesia há no murmurejar das águas nas fontes e na arrebentação das ondas no mar. Quanta fantasia há no brilho do luar, no tremeluzir das estrelas e dos astros. Quanta energia há na luz do sol e no azul profundo do firmamento!

Há muitas mensagens cifradas na linguagem divina, as quais nos recusamos a entender, porque ocupamos nossa mente com angústias infinitas provenientes de desejos e ambições incompatíveis com nossa realidade espiritual.

Se nos desprendêssemos do cotidiano e libertássemos

nossa mente para o infinito, seríamos capazes de entender a linguagem dos anjos, contida nos sons da natureza, que refletem apenas a vontade de Deus.

Treina teu coração para entender a linguagem de Deus e poderás compreender também, ainda nesta existência, a tua verdadeira missão.

Coragem.

A PLANTINHA CHAMADA ESPERANÇA

Quando te levantares amanhã, abrindo a janela e vendo o sol brilhar no céu, recorda-te que o dia que começa é o resultado do que fizeste na véspera e a semente que plantarás para colheita no próximo porvir.

Consulta teu coração e, se dentro dele houver ressentimentos, avalia que talvez não preparaste com todo o cuidado necessário o plantio da semente de ontem.

Olha para o teu próximo dia de vida como um campo virgem que te pede trabalho árduo e disposição no cultivo da delicada planta chamada esperança. Se a plantares sem a devida precaução, ela poderá em breve tempo secar, e a erva daninha da desconfiança, as parasitas da inveja e a secura da incerteza destruirão tua sementeira tão fértil e, talvez, não disponhas de novas sementes para plantar esperanças no futuro.

Sê diligente e cuidadoso e quando os raios de sol iluminarem teus olhos, que possas saborear os doces frutos da esperança plantados no ontem, amadurecidos para hoje.

CONQUISTAR A PAZ É QUESTÃO DE CORAGEM

Certo dia, um homem encontrou-se diante de sua própria consciência e, ao percebê-la tão frágil e cheia de reticências desviou o rosto para não encará-la e, assim, viveu a vida sem conquistar a verdadeira paz.

Certas noites buscava no sonho respostas para as suas inquietações íntimas, mas quando elas se apresentavam acordava sobressaltado fugindo do enfrentamento. Havia horas em que as críticas das pessoas faziam-no infeliz, pois deparava-se com sua própria imperfeição, mas quando lhe era dada a oportunidade de buscar saídas, recuava dizendo: "Sou assim mesmo, o que se vai fazer?"

A vida é uma oportunidade maravilhosa demais para ser desperdiçada. É como saber que algo muito importante e único vai acontecer uma vez só e não tomar as providências indispensáveis para participar. É como esperar sempre pelo amanhã desconsiderando a oportunidade do hoje.

Se no teu íntimo falta ainda a coragem para viver, olha fria e claramente para dentro de ti. Aborda o teu íntimo como um campo pedregoso a ser renovado. Não culpes a Deus pela falta de paz íntima e prazer de viver a vida, pois afinal quem não está aproveitando a oportunidade és tu mesmo.

A infelicidade que hoje ensombreia o teu caminho é resultado da tua falta de coragem para enfrentar e resolver todos os descaminhos que já percorreste.

Conscientiza-te e segue lembrando que Deus sempre te apoiará.

EM BUSCA DO VERDADEIRO AMOR

Querido amigo, sei que muitas vezes já refletiste sobre teus sentimentos e te deparaste com a ligação afetiva estabelecida entre ti e aquela criatura a quem qualificas "amada".

Pode ser que esta criatura seja tua esposa, teu marido, pode ser que seja tua companheira, tua filha ou filho, talvez apenas uma pessoa amiga.

Reflete, então, mais uma vez, sobre aquilo que de fato te liga a essa pessoa e depois confirma se teu sentimento é Amor, ou não.

Se tens apego; medo de perder o controle que exerces sobre ela; se te sentes bem em humilhá-la; se te apraz traí-la ou fazê-la infeliz; se te satisfaz submetê-la a teus caprichos por certo não a amas; e se não a amas, que sentimento é este que te incita a torná-la infeliz vítima de ti? Porém, se acreditas verdadeiramente amá-la, pensa então na tua responsabilidade de fazê-la crescer contigo, de fazê-la acompanhar-te nas tuas lutas e de apoiá-la nas dela.

Se concluíste pelo amor, como sentimento que te une a esta criatura, deverás buscar compreendê-la e aceitá-la, tentar fazê-la feliz sem jamais exigir retribuição, pois o verdadeiro amor é sempre recíproco mesmo que o retorno seja apenas a felicidade de estar amando.

Porém, lembra-te que para amar verdadeiramente é indispensável desapego e humildade. Estarás consciente de que ela não te pertence e caminha sempre com suas próprias pernas, por seu próprio desejo, logrando o sucesso em sua jornada por seu próprio esforço, assim como tu exiges que ocorra contigo.

O amor auxilia-nos a evoluir, mas não o confundamos com as paixões que o nosso coração egoísta ainda insiste em exteriorizar.

POR QUE NADAR CONTRA A CORRENTE?

Todo aquele que conscientemente aceita em seu coração a lei de Deus, age como o sábio das palavras de Jesus: edifica sua morada sobre a rocha e não se sujeita a tempestades e terremotos, pois sua casa o protege.

Quantas são as pessoas que lutam contra a vida e contra si mesmas? Quantas são as criaturas que se negam a aceitar a verdade manifesta diante de seus olhos? Quantos são aqueles que por orgulho não enfrentam a verdade e continuam lutando, brigando e sofrendo?

Lembram todos estes, a imagem de um náufrago na corredeira que, achando-se mais forte que a turbulência da água, tenta nadar contra a corrente, mas resiste pouco tempo e é tragado. Se, por outro lado, agisse sabiamente, nadaria a favor da corrente e ela mesma o levaria até a margem.

Assim também agimos nós diante das adversidades da vida. Colocamo-nos na posição orgulhosa e pouco inteligente dos que podem mudar a própria sorte, lutando contra ordenações divinas, quase sempre incompreensíveis ao coração primitivo.

Se diante do percalço pudéssemos refletir e orar, com bom ânimo acreditar em Deus e aceitar o obstáculo, certamente este nos levaria ao crescimento. Contudo, nos colocamos diante dele maldizendo a nossa sorte e lamentando a nossa infelicidade. Lutamos contra Deus, que unicamente nos poderia salvar.

Aceitar a dificuldade da vida como uma lição a aprender; um obstáculo a sobrepujar como uma prova a realizar, é antes de mais nada um sinal de sabedoria.

Dobra-te, pois ao amor de Deus que te prepara o caminho e agradece todo dia aquilo que mais te aflige o coração: se é teu corpo, agradece; se é tua mente, agradece; se é teu parente próximo, agradece; se é tua situação espiritual, agradece ainda e lembra-te que Deus te ama embora não possas compreender o amor, te protege embora não O sintas e te quer forte embora não consigas admiti-Lo como teu incentivador.

A TORRE DE BABEL

Falavam as antigas escrituras de uma torre a ser construída pelas mãos dos homens que, embora majestosa, jamais foi terminada pois estes não conseguiram entender-se e trabalhar na mesma direção.

Ainda hoje percebemos que nas realizações humanas, o mito da Torre de Babel está presente. Somos fatalmente incapazes de nos comunicarmos e cooperar. O nosso orgulho e a nossa vaidade nos impedem de compartilhar e aprender. Estamos sempre prontos a ensinar, mas quase nunca dispostos a sermos ensinados.

Estamos sempre preparados para receber elogios mas quase nunca dispostos a aceitar críticas. Os problemas encontrados nunca são responsabilidade nossa, mas sempre originários da má formação e das incapacidades alheias.

Partimos para as associações da família, no trabalho ou na vida social, dispostos a não compartilhar. Ou realizamos tudo sozinhos, ou então deixamos que outros realizem, desde que seja da forma como concebemos.

Vamos nos tornando assim criaturas cada vez mais solitárias, incapazes de manter um relacionamento, um compromisso, um trabalho conjunto por muito tempo, pois há muita dificuldade de compartilhar.

Lembremo-nos sempre que hoje, apesar de falarmos muitas línguas, nossa mente independe delas para que haja compreensão, pois compreender é mais uma atitude do coração do que do intelecto. A fim de que preservemos nossos ideais de crescimento, é preciso buscar o entendimento mútuo.

Jesus, quando entre os homens, buscou mais compreender a natureza humana do que corrigi-la, buscou mais a união dos homens através do amor para que as diferenças fossem superadas.

É de nossa tarefa e responsabilidade aprendermos a criar e compartilhar a criação, pois só assim lograremos os caminhos da purificação rumo ao mais Alto.

A BENEVOLÊNCIA DO UNIVERSO

O Universo responderá com benevolência a todo aquele que fizer de seu pensamento um instrumento útil na conquista da paz.

O valor do bem-pensar é inestimável. O pensamento é energia divina que nas mãos do homem pode tornar-se grande obra realizada, se for bem aproveitado. Pensar no bem não significa esconder o lado feio e obscuro do mundo e das pessoas, mas acreditar que a beleza existe e pode ser cultivada; não significa ignorar a escuridão mas entendê-la como passageira; não significa abandonar a caminhada por encontrar muitas pedras, mas aprender a afastá-las do caminho.

Se pudéssemos pensar positivamente no bem, veríamos lados e ângulos que o pensamento triste e negativo não nos permite vislumbrar; encontraríamos virtudes e possibilidades, onde jamais imaginamos que ocorreriam, pelo simples fato de ignorá-las.

Se a cada pensamento triste, cultivássemos um pensamento alegre, a tristeza do mundo e das pessoas seria muito menor. Se a cada mágoa cultivássemos o desejo de perdoar, no mundo haveria pouca revolta, vingança, guerra ou desespero. Se a cada pensamento em desequilíbrio, fôssemos capazes de buscar a harmonia e o entendimento seríamos todos menos revoltados.

Somente para quem é capaz de abrir as portas do coração e observar o que verdadeiramente sente, como pensa e como age, o Universo reserva a energia de Deus para a realização do maior de todos os milagres sobre a face da Terra: a transformação para o bem. Quando de ti fizeres instrumento de harmonia, a harmonia estará em ti.

O INFINITO PODER DA PALAVRA

Basta apenas uma palavra para destruir o que muitas vezes a natureza levou séculos para construir.

Se pudéssemos efetivamente avaliar o poder de nossas palavras, certamente usaríamos este dom com maior responsabilidade.

Quantas e quantas vezes somos felizes, gostamos do que realizamos, buscamos o bem em nosso realizar e uma pequena palavra de desconfiança, uma opinião contrária, ou um conceito desanimador são suficientes para modificar todo nosso modo de entender. Ainda não conseguimos perceber o verdadeiro valor de nossas idéias, e vivemos de conceitos abstratos de pessoas que formulam regras, às quais nos submetemos por temor ou sentimento de inferioridade.

Deus cria cada pessoa diferente da outra em gostos e tendências para que da diversidade consigamos construir a harmonia. Da diferença consigamos estabelecer a igualdade. Cada criatura é detentora de uma opinião e de um gosto particular. Sejamos, assim, senhores de nossa própria vontade e nos conscientizemos de que o gosto ou a opinião alheia nada mais são do que variações na maneira de entender o mundo.

Nunca estaremos totalmente certos, nem os outros completamente errados. É observando o alheio, convivendo e aceitando a diversidade de opiniões que aprendemos a definir e corrigir as nossas metas.

Lembremo-nos sempre do exemplo da natureza: na floresta existem as graminhas, as ervas, as árvores, os arbustos, as trepadeiras, as flores, os espinheiros. Cada um buscando o sol a seu modo sem querer impedir que o outro também o atinja.

Pensemos nisso e acreditemos que o mundo é a grande estufa onde plantas diversas, plantadas por Deus, têm todas as condições necessárias e cuidados para florescer e desabrochar.

A VERDADE DE CADA UM

A verdade por si própria se sobrepõe. Não precisa de prova, não carece de luta, prescinde de imposição.

Nós, seres humanos, ainda envolvidos pelas verdades parciais da existência terrena, muitas vezes saímos em luta querendo provar e comprovar verdades que são apenas nossas, fragmentárias, oportunistas e que não refletem, de forma alguma, a verdade de Deus que é indiscutível.

Assim, quando precisamos lutar muito para provar que estamos certos, talvez seja melhor refletir sobre o que nos leva a acreditar nesta verdade. Antes de sairmos impondo a nossa verdade particularista aos demais, meditemos sobre os efeitos do engano sobre o coração das pessoas, pois verdades parciais são sempre passageiras e atendem as necessidades humanas por pouco tempo e quando não mais se adequam à necessidade do ser humano deixam grandes vazios em sua alma.

Companheiro em Cristo, fixa-te antes de mais nada na verdade divina. É a única eterna e imutável. É ela que te mostra o caminho certo, que não se perde em divagações e onde quer que estejas te orientará para o bem.

Lembra-te que quando necessitares de verdades parciais tua vida caminhará de sobressalto em sobressalto, cada vez que uma nova verdade parcial vier substituir a antiga, transformada agora em um engano.

Tudo no Universo é relativo; apenas Deus, o nosso Pai que te criou é absoluto. Ele espera que com tua coragem descubras a verdade única que é o Seu imenso amor por ti.

UMA VISÃO DIFERENTE DA MORTE

Sempre que nos deparamos com a morte, nosso sentimento é de perda e nunca de transformação.

Condicionados pelo entendimento materialista, por nós mesmos criado, julgamos a vida segundo a ótica de perdas e ganhos sucessivos.

Acreditamos que Deus, a consciência superior do Universo, se comporta como homem castigando os que permanecem com a ausência daquele que partiu.

A vida é transformação. Como energia doada por Deus jamais se dissipa ou se perde, apenas se transforma. Observemos a criação e veremos que tudo na vida passa por vários processos de morte aparente e transformação: a semente deixa de ser semente para transformar-se em broto, muda, árvore e fruto. O ovo chocado torna-se pinto, a taturana casulo e posteriormente borboleta. A criança transforma-se em adolescente e depois adulto e, assim, cada fase deixa de existir para que outra possa acontecer.

Na morte, a vestimenta física deixa de existir para que a plenitude do espírito se manifeste, e consolide as experiências e conhecimentos aqui colhidos na busca da evolução.

Quando nos deparamos com a morte nos fixamos sempre naquilo que foi perdido e quase nunca observamos aquilo que se ganhou.

Estando ainda profundamente centralizados em nós mesmos, a liberdade ganha por quem desencarnou, o cumprimento de mais uma jornada de seu espírito em busca da evolução, é avaliada apenas pelo nosso sofrimento em virtude da perda da presença física ou da dor daqueles que ficaram. E assim deixamos de agradecer pela grandeza de Deus que em sua sublime sabedoria assim criou o mundo.

Queridos irmãos, não nos lamentemos por aqueles que partiram. Na verdade eles não partiram, transformaram-se em luz que iluminará o nosso caminho quando chegar a nossa hora. Acreditemos na sabedoria Divina e procuremos agir com disciplina, lembrando-nos que quando Deus determina, nada há que possa transformar a Sua vontade.

A MAIOR DOR DO MUNDO

Quando vos acordeis na manhã seguinte da que viveis hoje, lembrai-vos da necessidade de abrir as portas e janelas da vossa alma para que a luz da renovação vos contemple com esperança e paz.

Diante daqueles que da vida recolhem apenas a dor e o sofrimento, lembrai-vos da dor de Jesus no calvário e considereis que todo sofrimento é sempre muito maior quando não conseguimos aceitá-lo, ou quando nos revoltamos por considerar que não o merecemos.

Vós que perdestes a esperança, lembrai-vos da dor de Maria aos pés da cruz, aguardando na sua doçura materna que forças do Alto libertassem seu filho que ali estava apenas para exemplificar. Vós que não enxergais, além de vós um único palmo, lembrai-vos que ao retornar Jesus ensinava os discípulos a servir esquecendo-se de si mesmos. Vós que sois incapazes de amar porque considerais que as pessoas não são dignas do tanto que podeis oferecer-lhes, lembrai-vos do amor do Mestre por todos, mas especialmente pelos pecadores e necessitados. E vós que ainda sois incapazes de perdoar, lembrai-vos das últimas palavras do doce rabi da Galiléia: "Perdoai-os Pai, pois não sabem o que fazem".

Deus criou este cenário de luz e beleza para que vós todos, juntos pudessem crescer e frutificar. Assim, respeitai a vida, tende esperança e lembrei-vos que na Criação Divina não há prosélitos, e, portanto, nunca sofrereis mais que outros. Não tereis problemas maiores e não sereis de forma alguma desprotegido do amor Divino. Vós, sim, é que vos colocais distantes de toda esta bênção.

ONDE ESTÁ A SOLUÇÃO DE NOSSOS PROBLEMAS

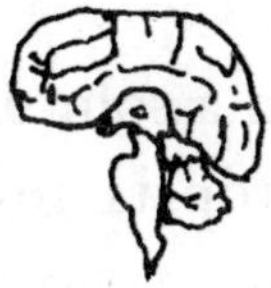

Estai atentos ao que dizem os evangelhos: "Este mundo não é de alegrias mas acima de tudo de aprendizado".

Muitos de nós diante das vicissitudes da vida, vez por outra, nos sentimos incapazes de seguir nossa caminhada e assim nos descuidamos do rumo de nossa existência, rogando aos desencarnados para que venham reduzir a nossa dor, afastar nosso sofrimento e tristeza, diminuir nossa ansiedade.

Especialmente quando estamos sós ou nos sentimos desaprovados e incompreendidos, buscamos os desencarnados.

Deparando-nos com desenganos comuns da vida ou em momentos de decisão vamos em busca de videntes, benzedores, advinhos, etc., para que estes magicamente resolvam nossas dores, indiquem-nos caminhos, decidam por nós.

Irmãos em Cristo, como consciências encarnadas que somos, se de fato acreditamos na vida após a morte, estejamos conscientes de que a maior parte de nossas questões pessoais, senão todas elas, precisam ser respondidas e resolvidas por nós mesmos. Nossa carência, nossa indecisão, nossas angústias são frutos de nossa dificuldade de lidar com nossos próprios sentimentos. O nosso medo é resultado da relutância e da falta de fé em Deus. O nosso desespero vem da incapacidade de acreditar na bondade Divina, sempre a nosso alcance, desde que nos decidamos a alcançá-la.

Assim, antes de entregarmos a outrem a solução das nossas dores, lembremo-nos de nossa própria responsabilidade diante da vida e nos perguntemos se não temos condições de resolver o que nos perturba, desequilibra ou desarmoniza.

Sigamos confiantes que o Pai está sempre ao nosso lado, independentemente daquilo que sentimos ou acreditamos, pois isso só nos aproxima mais ou nos distancia d'Ele.

PARA DEUS NADA É IMPOSSÍVEL

É possível que não haja tempo suficiente para realizar tudo que gostarias.

É possível que o tempo sobre e não saibas o que fazer dele. É possível que vivas por muitos anos, como também é possível que em breve te desfaças da vestimenta carnal. É possível que o amor faça parte da tua existência, mas também é possível que não o consigas cultivar. É possível que tenhas muitas falhas, mas também é possível que consigas superá-las. É possível que sejas feliz, entretanto também é possível, que mesmo cercado de glórias terrenas te sintas frágil, abandonado e triste. É possível que muito realizes, embora seja também possível que o tédio e a frustração a teu lado caminhem.

A vida terrena é a vida das incertezas. Tudo é possível e nada é concreto, porém se te basta a consciência tranqüila, enche teu coração de bom-ânimo e esperança e entrega-te a cada possibilidade como se fosse única, verdadeira e infinitamente tua, mesmo que não venha a se realizar. Só quando se vive cada acontecimento e cada minuto como se fosse único é que se aprende o significado da vida.

Assim, ama a vida, as pessoas, o tempo, a oportunidade, pois da mesma forma que elas estão hoje presentes em teu caminho é possível que no futuro nunca mais possam estar.

O QUE PENSAMOS DEFINE NOSSA COMPANHIA

*E*stamos imersos na mesma emanação divina. O pensamento é uma das forças disponíveis a todas as mentes encarnadas e desencarnadas que vibram em sintonia, dependendo do estágio evolutivo em que operam.

Orgulhosos por condição interior, imaginamos que nossos pensamentos, especialmente aqueles mais condenáveis, jamais serão ouvidos por ninguém além de nossa própria consciência.

Enorme engano.

Se o corpo físico nos restringe a capacidade de perceber o que se passa em outras mentes, as criaturas desencarnadas, no entanto, não encontram qualquer barreira para ouvir tudo que dizemos, ou pensamos, mesmo que nenhuma palavra tenha sido proferida.

É assim que compreendemos porque criaturas tímidas e caladas, circunspectas e fechadas em si próprias, são vitimadas por profundas obsessões espirituais; pessoas aparentemente boas, mas que pregam a pureza da boca para fora, envolvidas por terríveis enganos originados em suas inspirações inferiores.

Quando permitimos que a força divina do pensamento se perca no cipoal das dúvidas, da maledicência, da inveja e das paixões inferiores funcionamos como alto-falantes convocando consciências espirituais menos esclarecidas à participação em um festim de paixões aviltantes e estarrecedoramente degradantes cujos anfitriões seremos nós mesmos.

VIRTUDE, A RIQUEZA DO CORAÇÃO

Se aspiramos a paz de espírito, se desejamos tranqüilidade e harmonia íntima tenhamos sempre presente que o que pensamos determina nosso ambiente espiritual. Se queremos ser inspirados por forças benéficas iluminemos nossas mentes com benevolência e paz de espírito.

Quando almejamos estar diante de iluminados, é indispensável iluminar nosso íntimo e exteriorizar esta luz.

Somente quando operamos em nós mesmos os desígnios de Deus, eles se operam em nossa vida.

Somente aquilo que é construído sobre base sólida resiste ao tempo.

Somente a virtude verdadeira, em nosso íntimo, se transforma em riqueza do espírito.

Observa, meu irmão, o que se passa em teu coração. Se é sentimento que perece, se desgasta ou se desfaz, então não é verdadeiro e só te empobrece porque acaba. Porém, se o que fazes, cresce contigo, se amplia com tua experiência e se melhora com tua própria melhoria, então é patrimônio verdadeiro e definitivo.

Reflete, constantemente sobre os sentimentos, que em teu coração se encastelam. Se são perecíveis como a paixão, se são desgastantes como o apego, se são degeneradores como o medo.

Se tudo isso residir em teu coração, então, de fato, deves encontrar-te muito pobre, pois nenhuma riqueza há em ti. Porém, se agasalhas em teu coração o verdadeiro amor que cresce com tua capacidade de servir, a compreensão que se amplia no exercício de entendimento da vida e das pessoas, a capacidade de doar-se que cresce à medida que percebes tua energia interior; então verdadeiramente, és rico e merecedor de toda paz que a consciência cristianizada é capaz de conferir àquele cuja própria luz já pode enxergar e compreender.

Segue assim confiante e faz de teu coração um verdadeiro tesouro de paz, harmonia e entendimento.

A VOZ DE DEUS

Só ouviremos a voz de Deus em nossa consciência quando os ruídos da voz de nosso egoísmo permitirem.

Quantos de nós reclamam constantemente da orfandade divina. Sentem-se abandonados pois não ouvem e nem percebem a presença de Deus a seu lado. Outros, não concebem a idéia de que Deus esteja sempre presente e deixam de acreditar n'Ele. Há ainda, os que consideram que Deus tem outras obrigações para ocupar-se de carências humanas e O afastam ainda mais de si mesmos.

O fato de não ouvirmos nem sentirmos Deus falando aos nossos ouvidos ou tocando nosso Espírito com sua bendita energia, não é um problema n'Ele. É antes de tudo uma dificuldade nossa. Não somos ainda capazes de percebê-Lo, pois perceber Deus implica estar aberto à compreensão da beleza, à busca da perfeição sublime, mesmo que estas coisas estejam ainda em preparação.

Com nossos sentidos, quase sempre, só nos impressionamos pelo feio, pelo trágico, pelo imperfeito.

Se estivéssemos atentos a tudo de belo que existe no Universo poderíamos perceber Deus.

É só sentindo a beleza que podemos enxergá-la. É só apreciando a harmonia que poderemos desfrutar dela.

Caro irmão, se te consideras ainda tão distante de Deus que por vezes duvidas da existência d'Ele lembra-te que Ele existirá sempre, quer creias ou não, quer duvides ou te certifiques a respeito. Ele é presente, onipotente e comanda o nosso mundo com sua perfeição intrínseca.

A imperfeição é o estágio primitivo da condição humana que não nos permite sintonia com Ele.

A partir de hoje, quando olhares para o mundo, avalia com amor tudo de bom, belo, harmonioso e perfeito que Deus coloca e colocará sempre em teu caminho. Não renegues, tampouco, aquele que estagiando na imperfeição, caminha para o perfeito, pois o adulto precisa ser criança e adolescente antes de amadurecer. Abençoa a vida, enche o coração de esperança e agradece a tudo e a todos pelo amor de Deus, que te fez potencialmente perfeito.

POR QUE NESTE MOMENTO?

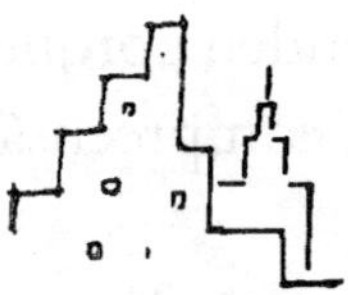

Você irmão, que carrega consigo tanta inquietação, que tem medo das pessoas, que fica apavorado quando alguém lhe olha, que se sente agredido por palavras, gestos e atitudes, que pensa que todos os comentários são dirigidos a você, saiba que o mundo é aquilo que fazemos dele; que as pessoas que parecem tão agressivas, prontas para matar, roubar, corromper são as mesmas com as quais já convivemos no passado.

Não somos criaturas deslocadas desse mundo, não fomos aqui trazidos por engano divino. Vivemos o momento mais importante de nossa existência no sentido de crescer espiritualmente. Se hoje o mundo nos parece brutal e assustador é, com certeza, porque nossa consciência se modificou, mas os nossos atos errados do passado continuam gravados em nossa mente, exigindo correção.

Quantos de nós são vitimados pela violência física e moral e maldizemos a Deus por tê-Lo permitido. Perguntamos por que nós, criaturas tão boas, sofremos tal castigo.

Quantos de nós tiveram seus bens subtraídos e caem na descrença e no desânimo, acreditando que por jamais terem roubado não mereceriam passar por tamanha perda.

Deus é sábio quando nos provê do esquecimento logo no berço físico, pois assim nos capacitamos ao entendimento e aproveitamento de toda experiência que a vida nos proporciona. Contudo, àquele que já entendeu porque está neste mundo, ainda mais clara se torna a compreensão da dor, da perda e do sofrimento.

Você está no momento e local apropriados ao seu desenvolvimento. Entenda-se por momento o tempo físico, o minuto que no seu relógio passa, e, como local, o seu meio, sua família, seu trabalho, sua aptidão, sua sociedade, seu país.

Você construiu o seu presente com seus atos passados. Não fuja de sua criação e alimente-a com o desejo de quem sempre deseja melhorar.

CREDORES DA VIDA

Se vos situais entre aqueles que se acreditam credores da experiência física, se reclamais constantemente da consideração de vossos irmãos, se vos achais menosprezados, se vos colocais sempre em posição de quem é ultrajado por ser bom e humilde, procurai lembrar a jornada de Jesus entre aqueles que, como vós, assim se posicionavam no passado.

Ele falava de esperança e recebia pedradas de desprezo e desconfiança. Falava de concórdia e de retorno recebia traição e rebeldia. Ele falava de amor e recebia como resposta o cuspo do ódio e da vingança. Ele pregava a fraternidade e foi açoitado e crucificado pelo egoísmo daqueles que não conseguiam entendê-Lo.

Se, por outro lado meu irmão, sentis que vos faltam meios para controlar a própria vida, lembrai-vos que Jesus foi rei sem reino possuir, senhor sem submeter a ninguém, salvador milagroso e que mesmo assim ainda duvidaram de seu poder. Além do mais recordai-vos de que Jesus sempre valorizava o pouco que tinha, bem diferente de vós que ressaltais o que vos falta e esqueceis que Deus, todos os dias, faz nascer o sol que vos ilumina a face, faz correr o vento a refrescar-vos a alma, faz chover para que a vida que da chuva depende possa vos servir de alimento. Ele, misericordioso, vos deu a Terra maravilhosa como morada, ensinou-vos a organizar os sons e construir palavras e compor lindas melodias, ensinou-vos a entender as cores, compreender a natureza. Deu-vos esta morada sublime e nada vos pediu em troca.

Considerai, pois quanto já recebestes, quanto Deus vos ama, nada vos cobra e quanto ainda reclamais.

"GLÓRIA A DEUS NAS ALTURAS E PAZ NA TERRA AOS HOMENS DE BOA BONTADE"

Ouvindo estas palavras tão repetidas por tantos lábios descuidados de seu enorme significado, logo imaginamos que o reino de Deus está separado do reino dos homens. Que Deus magnânimo e inatingível habita as alturas onde o homem jamais poderá estar, só lhe restando glorificar o tamanho do poder e conformar-se com a sua própria pequenez.

Muito ao contrário do que imaginamos, não basta apenas boa vontade para que os homens ditos de Deus, encontrem a paz na Terra. Deus, com efeito, está entre nós e dentro de nós, como se comprova em cada evento da natureza por menor que seja. Deus é parte e todo, é tecido, molécula, luz, sombra, brilho. Tudo enfim.

A boa vontade do homem tem se resumido apenas em constatar a grandeza de Deus e usufruir de seu reino de glórias, contudo Deus nos criou e continua criando constantemente, com expectativas muito mais elevadas. Espera Ele, em Sua magnitude, que possamos compreender sua Luz e passemos a produzi-la. Compete-nos que entendamos sua infinita bondade e que sejamos bons, que admiremos sua sabedoria e passemos a aprender cada lição em cada e de cada pessoa, a sua verdadeira mensagem.

A boa vontade não se resume em constatar, mas, acima de tudo, em produzir, gerar, fazer, crescer e propiciar os dons divinos.

Que a verdadeira paz não seja apenas uma expectativa, mas acima de tudo uma grande produção, pois só assim terá seu verdadeiro valor.

ALGUÉM MUITO ESPECIAL

Era uma moça triste, de coração apertado, ressentimentos de um passado remoto, de lembranças vagas. Poucas esperanças e muitos desejos. Dificuldades de relacionar-se com as pessoas, de encarar a vida e buscar aquilo que gostaria de ter. Sentimentos de inveja e desconfiança. Medo de dar-se e ser traída, emprestar e ser roubada, mostrar-se e ser rejeitada. Era uma vida vazia, sem muito sabor, sem colorido como um jardim sem flores, um pomar sem frutas, uma noite sem luar e estrelas.

Se esta descrição traz ao teu íntimo alguma lembrança, se podes identificar em ti alguns destes sentimentos, resistências ou vacilações, reflete sobre a necessidade de acordar para a vida e buscar sua essência. Deus não fez um mundo cheio de cores, luzes, aromas e sabores para pessoas que não são capazes de apreciá-los.

Se desejas realmente entregar-te ao mundo e ao tempo que vives, luta para reconheceres a tua participação na obra de Deus e não te negues a cumprir tua parte. Somente tu poderás fazê-la. Se te furtares a esta maravilhosa oportunidade, estarás negando a ti mesmo e ao próprio mundo a oportunidade de criar, criar, criar e criar...

Assim como Deus cria incessantemente e sua obra é toda beleza, cria também tu, a fim de que no exercício constante te aproximes da perfeição.

Olha para teu íntimo como oficina redentora da oportunidade de servir e lança-te ao trabalho que te aguarda. Deus te orientará.

A RIQUEZA DO TEMPO

O tempo é uma moeda que ao contrário do valor pecuniário se mede pelo uso que dele fazemos. À moeda comum e ao dinheiro, se atribuem os valores de centavos e inteiros e, com eles, podemos pagar pela satisfação das necessidades de nosso corpo e de nossa vaidade.

O tempo também é uma riqueza ao qual se confere diferentes valores: o minuto, a hora, o dia, a semana, o mês, o ano, o século, o milênio. Porém, ao contrário da moeda pecuniária, o tempo tem mais valor quando aproveitado de forma plena.

Um dia em que cada minuto for aproveitado, fazendo o bem, vale mais do que uma semana de desfrutes indignos. Um mês de esforço para se concretizar uma grande obra pelo bem de todos, vale mais do que um ano de expectativas vãs de sucesso individual.

O tempo é uma moeda democrática que enriquece aquele que com sabedoria o utiliza, mas também empobrece e entristece aquele que tende ignorá-lo. Se na busca da riqueza espiritual te preocupas mais com a moeda pecuniária do que com a moeda do tempo, lembra-te sempre que o Espírito só enriquece à medida que se aprimora e que aprimoramento leva tempo, exige esforço e dedicação.

Não te deixes levar pela ilusão de que o tempo espera, pois se, como dizem: "tempo é dinheiro", não há um segundo que se possa desperdiçar.

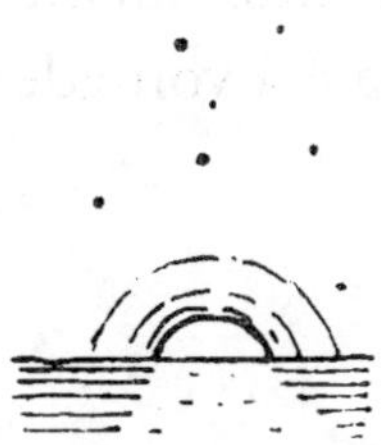

GLORIFICAR O CÉU PELA VIDA

Ao glorificar o céu pela vida que Deus te deu, tua recompensa será a eternização da paz íntima, mesmo vivendo num mundo de conflitos e descrença.

A principal dificuldade do ser humano situa-se na concepção errônea da fé e da Paternidade Divina. Alguns acreditam que ter fé é orar, proferindo palavras das quais nem sempre se atina o significado e que, muitas vezes, repete-se como ladainha sem ter conseguido a ligação necessária com as esferas superiores. Muitos outros acreditam que ter fé é pedir a Deus tudo que se deseja, como se Deus fosse nada mais que nosso provedor de necessidades secundárias. Outros ainda acreditam que ter fé significa negociar com a Divindade, trocando nosso sacrifício e privações pelas coisas que mais desejamos.

Ora, se Deus não nos conhecesse talvez até se espantaria com tanta ignorância.

Ter fé não é apenas acreditar que tudo é para o bem, pois de uma forma ou de outra isso ocorrerá pois é desígnio de Deus. Ter fé é saber intimamente, que nossa vontade é relativa e que apenas a vontade de Deus prevalece. É aceitar a dor e o sofrimento como remédios indispensáveis ao nosso crescimento. É estar ciente de que quanto mais amargo o remédio mais grave a nossa dívida. É saber que tudo respeita um ritmo e uma vontade soberana à qual humildemente nos devemos dobrar com alegria, pois esta é a vontade de Deus se cumprindo em nós.

OS SINAIS DE DEUS

Quando o mestre Jesus terminou de proferir o Sermão da Montanha, síntese de toda a sua doutrina de luz, sabiamente adicionou o seguinte aforismo: "Aquele que tiver ouvidos de ouvir, que ouça".

A manifestação divina acontece nas mais inesperadas formas. Quantas vezes ouvimos pessoas dizendo que gostariam de ouvir, por uma única vez, a voz de Deus, pois esse seria o único e mais precioso sinal que esperam do Alto para poder acreditar e agir.

Mas Deus sempre se manifesta de forma diferente: no sorriso da criança, na natureza íntima da plantinha que cresce ou do animalzinho que morre, no sol que brilha na superfície do lago, na lua que ilumina e banha de prata o firmamento. É preciso estar atento e preparado, pois estes são sinais inconfundíveis que nos negamos a ver. São formas diferentes mas muito claras de mostrar que Deus é soberano e justo.

Contudo, permanecemos estáticos, esperando um sinal que nos impressione profundamente. Não vale a sabedoria divina, não vale toda sua obra. Nós determinamos o sinal e nos fechamos nele. É como se colocássemos diante de nossos olhos um anteparo vazado em um ponto apenas, esperando ver através dele e exclusivamente por ele, a imensidão do céu, do mar ou da floresta. Deus não é limitante em nenhum aspecto e por isso deseja que sejamos também plenos para compreender sua natureza íntima.

Se ainda te colocas na posição daquele que espera sinais divinos especiais para tomar responsabilidade sobre teu caminho, lembra-te que o mérito e o esforço de percorrê-lo serão exclusivamente teus e que os sinais que Deus te dará, virão na medida em que te disponhas a compreendê-los.

O ÚNICO SER QUE MORRE COM SEU PRÓPRIO VENENO É O HOMEM

Se observarmos atentamente a natureza verificaremos que em toda cadeia evolutiva há seres que carregam venenos, uns como forma de defesa contra seus predadores, outros como característica intrínseca; porém esses venenos são sempre aproveitados com benefício em muitas situações.

O homem, elo terminal desta cadeia, carrega uma grande força chamada pensamento. Com este pensamento se lhe faculta construir infinitamente e, também, destruir na mesma intensidade. Com o pensamento é possível atingir o inatingível e se logram horizontes impossíveis de auscultar com os sentidos físicos, mas com o pensamento, também criamos doenças, produzimos males, destruímos a confiança, desfazemos a harmonia, perturbamos a paz.

De tudo que pensamos, se uma pequena proporção fosse dedicada ao cultivo de pensamentos bons, com certeza estes teriam a força e a possibilidade de destruir o que existe de mais pesado e denso dentro do nosso universo mental, e com certeza seríamos muito mais felizes.

O grande problema da humanidade é, sem dúvida, cultivar o mal através do pensamento.

O mal, em suas variadas formas, ocupa o pensamento humano quase em tempo integral através da maledicência, da inveja, do orgulho do desprezo, e, assim, transformamos em veneno aquilo que poderia ser nosso maior bálsamo.

Lembremo-nos da necessidade de controlar o mau pensamento que se traveste na forma da desconfiança, da insegurança, no medo de realizar, na inveja, na tristeza, na solidão, no desespero, no melindre e em tudo aquilo que te rebaixa no caminho da tua evolução criativa.

AS TREVAS DA ALMA

Era quase noite e o caminheiro do deserto marchava em atitude quase solene rumo à mancha alaranjada no horizonte.

Sentia o calor forte no rosto, a queimação da areia sob os pés, a garganta seca, mas a alma confortada por uma enorme esperança. Sabia que dentro de poucas horas não haveria mais luz, e trevas espessas cobririam todas as paragens. Talvez não fosse possível enxergar mais a si mesmo e nem onde seus passos o levavam, porém estava consciente de que o que o impedia de prosseguir eram apenas as trevas exteriores, passageiras. No seu íntimo, a luz da Esperança e da Fé não se apagavam e continuariam brilhando até que a sua união com a luminosidade exterior lhe possibilitasse caminhar novamente.

Na vida, acontecem muitas situações parecidas com a passagem do caminheiro. Algumas pessoas sabem da existência da treva, sabem que em algum instante ela se fará presente em sua caminhada, mas confundem a escuridão externa com a escuridão da própria alma e lamentam seu destino. Ao contrário do caminheiro, quando chega a noite, apagam a sua chama interna e vêem-se envolvidas por trevas tão espessas que não mais se dissipam com o romper da aurora, porque estão no íntimo e não mais no firmamento.

Assim, é preciso manter a luz interior sempre muito bem acesa, para que a noite seja apenas externa, e não nos impeça de seguir a jornada quando o sol da manhã iluminar todos os campos, todos os justos e injustos, todos os pobres e ricos.

Lembremo-nos sempre da sabedoria de Jesus que dizia: Se os teus olhos enxergarem apenas trevas, quão grandes serão estas trevas.

Medita e ilumina-te.

LUZ E SOMBRA

Quando o sol se levantar no horizonte amanhã e a luz expulsar toda a treva da noite, lembra-te que é preciso aproveitar a renovação de cada oportunidade.

Expulsa de ti toda tristeza que te ensombreia para que a luz do cosmo brilhe como chama bendita que te fortalece no bem e para o bem. Acolhe no teu íntimo a alegria natural de viver pois, muitas vezes, teu coração será constrangido pela escuridão, mas nem por isso, serás eternamente condenado à sombra. Reforça tua capacidade de amar e aceitar a vida como ela se mostra e ilumina-te.

Toma em cada oportunidade de servir uma bênção de amor e faz jorrar de teu coração a caridade bendita de ser feliz, pois quando somos felizes trazemos uma alegria íntima que não envolve apenas quem a possui, mas especialmente quem se aproxima.

Faz de tua vida uma bênção de luz e vive cada dia como se fosse o único e mais precioso no qual o desejo de amar é a mais preciosa meta.

Tenhas fé e não desanimes. Por muito te amar, Deus nosso pai, te reservou a glória eterna.

QUE DOM PEDIRIAS A DEUS?

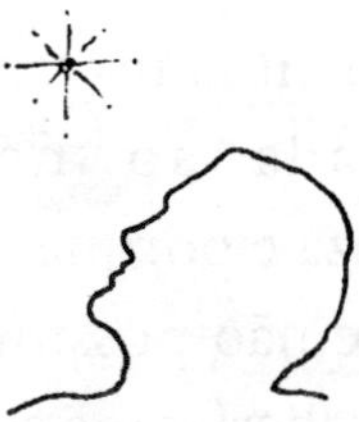

Diante de tal pergunta muitos de nós seriam bastante incisivos respondendo: Pediria o dom da fortuna material para poder realizar muitas obras de caridade.

Entretanto, o que parece agasalhar este sentimento, à primeira vista nobre, nada mais faz que colocar-se como primeiro beneficiário da lista de necessitados a serem auxiliados pela fortuna. Pois aquele que verdadeiramente quer fazer a caridade, põe mãos à obra confiante que Deus o proverá e que para fazer uma grande obra de caridade basta, para começar, apenas a vontade de fazer.

Outros diriam: queria ter o dom da oratória para poder mobilizar as massas com conceitos evangélicos de renovação e esperança.

Certamente estes aguardam os aplausos e cumprimentos pela realização da qual são apenas instrumento.

Outros diriam desejar ter a visão ampliada para poder enxergar as mazelas dos outros, apontando-lhes os defeitos e ajudando-os a vencer as dificuldades e, certamente, serem reconhecidos e procurados por muitos que abençoarão a faculdade que apenas é instrumento de renovação.

Outros ainda pediriam a beleza física para alegrar os olhos e o coração daqueles que convivem com a feiura.

Outros pediriam boa vontade, esperança; enfim, cada um de nós sente-se carente de um dom que enxerga em outrem. Contudo, a bondade de Deus nos situa no tempo e no espaço, na condição adequada ao nosso desenvolvimento. Se não possuímos riqueza é porque esta, certamente, não seria bem aproveitada. Se não possuímos dons espirituais, certamente é porque não saberíamos como consolar e auxiliar através deles. Se não possuímos beleza, é porque não necessitamos atravessar esta prova em nossa presente encarnação. Se não possuímos boa vontade, é porque precisamos desenvolvê-la.

Conscientizemo-nos de que tudo que necessitamos para sermos felizes foi colocado à nossa disposição por Deus, nem mais e nem menos. É vontade de Deus que a perfeição seja atingida por nosso mérito, esforço e iniciativa, e não por concessões extemporâneas que nos tornariam frágeis presas da vaidade, do orgulho e do egoísmo.

DOIS OUVIDOS E UMA BOCA

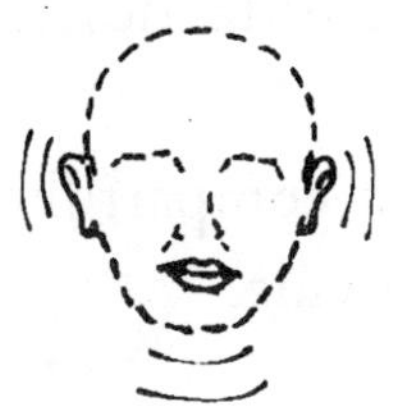

*D*iz a sabedoria popular que Deus deu ao homem dois ouvidos e apenas uma boca, portanto devemos ouvir mais do que falar até por uma questão de disponibilidade física.

Entretanto, muitos são aqueles que subvertem a sabedoria Divina, falando muito mais do que ouvindo.

São estes os ansiosos, os orgulhosos, os ofendidos que vêem ameaças em tudo e em todos.

Cada palavra que não tenha saído de seus lábios, cada frase articulada por pensamento alheio é uma enorme ameaça de modificação de preceitos pessoais, tão frágeis que, se submetidos ao crivo da razão, certamente desmoronarão.

Na maior parte do tempo falamos para não ouvir os outros. Falamos para imobilizar esta ação do outro. Falamos para que o outro não fale e não nos ameace. Entretanto somos nós a ameaçá-lo com nossas idéias frívolas, com nossos pensamentos pequenos e medrosos, com nossa insegurança contumaz.

Se nos posicionarmos como aqueles que enxergam no pensamento alheio uma ameaça e não uma nova possibilidade, está na hora de refletirmos.

Que seria da terra se não agasalhasse a semente permitindo a sua germinação?

Que será de ti que não permite que a semente de pensamento de teu irmão te fecunde para novas descobertas?

A terra que não fecunda tornar-se-á árida, deserta, e tu?

Pensa e conclui pela necessidade de compartilhar o bem, produzir vida nova que transforma vida.

O CAMINHO DAS ÁGUAS

Se nós, seres humanos, não vivêssemos tão preocupados com o que nos acontecerá amanhã, talvez tivéssemos tempo e paciência para, observando a natureza, aprender com ela.

Observaríamos as águas do regato que, começando no alto da montanha como um pequeno gotejar, vão se avolumando pouco a pouco, quase imperceptivelmente. À medida que se avoluma e é alimentado, umedece a terra e dessedenta animais e plantas indistintamente.

Quando adquire volume maior já é capaz de rasgar seu próprio curso, mas mesmo assim continua suprindo a quem está à sua volta em busca de sua água.

Atravessa momentos de tranqüilidade, formando remansos onde a vida se refaz exuberante.

Atravessa momentos de agitação nas corredeiras e quedas, mas mesmo assim proporciona magnífico espetáculo.

Dirige-se para o mar com a sofreguidão de um caminheiro, mas apesar de demorar-se nas curvas e meandros de seu leito, jamais deixa de chegar a seu destino.

Se pudéssemos aprender com o exemplo da natureza certamente nos prepararíamos para crescer, alimentando na medida de nossas possibilidades, aqueles que nos partilham a experiência.

Quando capazes de construir nossos próprios caminhos não deixaríamos de fazer com que muitos nos partilhassem os recursos.

Nos momentos de calmaria distribuiríamos nossa harmonia enaltecendo a vida.

Nos momentos de agitação recolheríamos a inquietação demonstrando gratidão pelo espetáculo da vida criada por Deus.

Jamais desistiríamos de nossos objetivos, embora pudessem eles estar distantes ou difíceis. Saberíamos, bem no íntimo o que Deus espera de nós e nos comprometeríamos por seu amor e nossa paz a realizar Sua vontade.

QUEM ESTÁ ERRADO: EU OU O UNIVERSO?

*N*as próximas vezes que teus lábios se abrirem para lamentar os acontecimentos da vida, para destilar comentários venenosos ou para maldizer a própria sorte, consulta com bastante diligência o teu próprio coração e verifica se não estás redondamente enganado.

Olha em volta de ti e percebe o brilho da luz do sol, a doçura do azul do céu, o perfume da branda aragem agitando as folhas das árvores, os pássaros voando, as pessoas que te rodeiam.

Tudo é riqueza, beleza e poesia.

Consulta teu coração e verifica o quanto tens recebido do Pai em bondade e compreensão.

Olha com isenção de ânimo para tua própria resistência diante do bem e constata que Deus sempre te perdoa, sempre te dá nova chance, sempre te permite o recomeço.

Quantas e quantas vezes a vida te possibilitou aquilo que pediste e não aceitastes?

Quantas vezes teu caminho foi cruzado pela oportunidade redentora e te recusastes a agarrá-la?

Quantas vezes, das formas mais estranhas, foste alertado sobre as escolhas erradas que fizeste, e mesmo assim não foste capaz de mudá-las?

Olha com verdadeira disposição de crescer para teu rosto no espelho e conclui que se há algo errado no Universo, certamente não é a verdade Divina, nem tampouco sua infinita bondade, mas especialmente a forma como interpretaste Sua sabedoria.

Pede inspiração ao Alto e teu caminho será povoado das lições que necessitas, e tua mente da compreensão indispensável para melhor aproveitá-la.

O QUE ESTAMOS FAZENDO AQUI?

É indispensável que saibamos o que estamos fazendo no mundo.

É indispensável que questionemos porque nascemos exatamente neste momento, filhos daquele casal, com ou sem aqueles irmãos, nesta ou naquela situação financeira, nos casamos com aquele homem ou com aquela mulher, tivemos ou não tivemos filhos.

O acaso não existe, as coincidências são absolutamente improváveis.

O que define o mecanismo da vida é a consciência Divina que nos situa no momento exato, ao lado das pessoas adequadas que trazem a mensagem certa, absoluta e necessária para nosso aprimoramento. Se não conseguirmos perceber e compreender essa mensagem em tudo que nos cerca é porque temos dificuldade de compreender e aceitar o quanto Deus nos ama. E se não compreendemos esse amor, nos revoltamos, fingimos que somos felizes, sufocamos nossa capacidade, apiedamo-nos de nós mesmos, fazemos da própria existência um calvário de lamentações.

Se ainda não conseguimos assumir a posição em que a Bondade Divina nos coloca, o problema é absolutamente nosso e não do mundo, das pessoas, do meio em que vivemos.

Deus nos criou para que sejamos completamente felizes e realizados. A incapacidade de sê-lo é totalmente do indivíduo.

Pensemos nisso e construamos com o amor que Deus nos dá a nossa felicidade futura.

A BÊNÇÃO DA VIDA

Amigo, aprende a abençoar cada dia que vives pois ele não é apenas mais uma oportunidade que Deus coloca em teu caminho, mas a oportunidade única que possibilita teu aperfeiçoamento na caminhada rumo à tua auto-plenificação.

Muitos reclamam das dificuldades da vida: lamentam a parentela, a situação financeira, a dificuldade afetiva, a agressividade do mundo, a ignorância das pessoas.

Pois bem, se considerares que estás situado na hora e local adequados para realização de tua história pessoal, se tiveres em mente que este é teu momento especial, no qual a oportunidade redentora bate à tua porta, talvez seja mais simples aceitar e administrar as dificuldades considerando que todo esforço vale quando o objetivo é grandioso.

Não te percas em lamentações e reclamações que só te atrasam a caminhada.

Levanta-te agradecido todas as manhãs porque teus olhos se abrem e podes ver o mundo de belezas que Deus criou para ti, mais que isso, podes te integrar à toda esta beleza sentindo-te particularmente belo e especial, assim como são todas as obras realizadas com amor. Trazes em tua essência a origem Divina que remete à perfeição.

Aproveita o ensejo que Deus te proporciona e viva com sabedoria, aprendendo a exteriorizar o amor que dentro de ti Deus colocou como semente e que a ti compete fazer germinar e frutificar.

A FILHA DE JAIRO

*N*o evangelho de Jesus a passagem que se refere à filha de Jairo, é bastante significativa.

Enquanto Jairo buscava desesperadamente Jesus, sua filha já se encontrava em adormecimento profundo que apresentava as feições da morte física. Ali chegando o Mestre, compadecido pelo sofrimento de todos, acalma-os e diz: "Ela apenas dorme, é preciso acordá-la..."

Assim como a filha de Jairo, muitos de nós encontram-se adormecidos para a oportunidade da vida, o que se assemelha a uma verdadeira morte espiritual.

Situam-se entre estes os fracos, os amedrontados, os inseguros, os tímidos, os de coração cerrado, os de alma mesquinha. Atravessam a existência terrena como se aqui não estivessem, não reagem, não aprendem, não sentem, não praticam, enfim, apenas dormem.

Se nos é dada a chance de observar tais criaturas, sejam elas, alguém que conhecemos ou nós mesmos, verificaremos a dificuldade que a manifestação da vida encontra em seu íntimo pois agem em oposição à vontade de Deus, que deseja que cada dia seja sempre vivido com esperanças renovadas, disposição e bom ânimo.

Se auscultando nosso íntimo não encontrarmos um forte desejo de viver cada novo dia como se fosse único, cheio de aprendizado e renovação, se encontrarmos as sementes soporíferas do tédio, da mágoa e do desamor, talvez estejamos adormecendo para a vida e agora Jesus não mais anda pelas cidades, Ele está dentro de nós e somente através dele poderemos despertar.

"ONDE ESTIVER O TEU TESOURO TAMBÉM ESTARÁ TEU CORAÇÃO"

Se teu tesouro se encontra entre as coisas fúteis da terra e da vida física, teu coração aí também estará, o que significa dizer que tudo que é passageiro e perecível terá sobre ti uma influência devastadora.

Imagina teu coração em um imóvel e este imóvel se incendiando. Perderás muito mais do que paredes, utensílios e eletrodomésticos.

Imagina teu coração em um veículo e este veículo te sendo subtraído. Não te estará sendo subtraída apenas a máquina que te serve mas muito mais que isso.

Imagina que teu coração esteja no desejo por uma pessoa e que esta pessoa se apaixone por outro. Não será apenas teu desejo que se verá frustrado.

Verifica, amigo, onde depositaste teu coração, pois isso te dará noção clara do investimento que realizas, se corres risco de prejuízo ou se lucrarás.

A vida proporciona ao ser humano infinitas oportunidades de aprender, entretanto se teu coração continuar optando pela transitoriedade estarás jogando fora tua maior possibilidade de enriquecimento. Investe pois no amor de Deus que te assegurará fartura, alegria e plenitude de viver.

COMO PREENCHER O VAZIO INTERIOR

*H*á momentos em nossas vidas que nos sentimos totalmente vazios. Desejamos refletir e não conseguimos, desejamos realizar e nos sentimos incapazes, desejamos orar e não logramos nos aproximar de Deus.

Especialmente nestes instantes de nossa vida é que a perseverança precisa ser redobrada, pois se o vazio interior bate à nossa porta e tenta invadir nossa mente e nosso coração, é porque não estamos permitindo que o bem, a harmonia e a ordem ocupem estes espaços.

Se ainda assim não conseguirmos avaliar a importância destes valores em nossa vida, aguardemos. Deus nos dará a oportunidade de encontrar dentro de nós mesmos as respostas que buscamos para preencher esse vazio.

Reflitamos sobre a infinita bondade de Deus tentando sempre preencher o nosso íntimo com seu amor, cuidando para que não nos tornemos vítimas de nossa própria vacilação.

Agradeçamos pelo bem e pelo mal, mas acima de tudo pela capacidade de distingui-los, agradeçamos pela luz e pela treva e saibamos aproveitar o melhor de cada um, por fim agradeçamos pelo vazio interior que hoje nos permite escolher o que preencherá nosso íntimo amanhã.

QUANDO O CRISTO VIVER EM MIM...

O mundo de Deus se compõe de individualidades espirituais forjadas nas provas da reencarnação e iluminadas nas experiências nela adquiridas. Essas individualidades vão se construindo com esforço e dedicação, aprendizes do amor divino que são, sujeitando-se às vicissitudes e fraquezas enquanto sua intimidade ainda estiver vacilante.

Enquanto não atingirem a plenitude da grandeza divina latente em si, vivem amedrontadas, dependentes de aprovação alheia, preocupadas com o imediato. Vivem limitadas a um espaço-tempo no qual as mágoas, ressentimentos, desejos de vingança são os sentimentos que mais experimentam.

Porém, quando atingem a cristificação, as questiúnculas do mundo deixam de atingi-la. Não dependem mais da aprovação alheia pois tudo que realizam, o fazem com amor, pensando no bem do próximo. Não mais se magoam com idéias, conceitos e opiniões contrárias às suas, pois entendem que diferenças não são para separar, mas simplesmente para enriquecer. Dispensam as muletas psicológicas do apego, do preconceito e da prepotência para se lançarem às experiências do mundo com total confiança em Deus e em si mesmos. Não se ferem, não se magoam e não se melindram, pois aprenderam que no teatro da vida o papel de agressor só existe quando assumimos o papel de agredidos. Sentem-se, acima de tudo muito felizes, dispostas a enfrentar qualquer tropeço ou desafio pois já se conscientizaram que estas ocorrências testam sua tenacidade interior, desenvolvem a renúncia e as capacitam na construção de um mundo melhor.

ONTEM SEM CULPA, AMANHÃ SEM SOBRESSALTO

A maior dificuldade do ser humano está na sua capacidade de decisão. Ele não sabe escolher entre a realidade e a ilusão, não distingue o verdadeiro do falso, sente-se sempre mais seguro no transitório do que com o transcendente.

Detentor de possibilidades infinitas, essa criatura tem, por determinação divina, a plenitude como meta, mas para atingi-la é obrigada a percorrer caminhos obscuros e tumultuados nos quais descuidadamente se fixa, comprometendo seu objetivo.

Tem o universo do espírito como campo de renovação, porém apega-se doentiamente ao corpo físico tentando conservar vaidosamente aquilo que o tempo naturalmente desfará.

É o único e verdadeiro possuidor da terra e de tudo que há nela, mas insiste em usurpar o direito dos que lhe são iguais no desfrute de todo esse bem.

Tem a eternidade como tempo de vida, mas permanece atrelado ao imediatismo do hoje.

Enquanto se fixa no imediato é fatalmente vergastado pelo infortúnio, pela doença, pelo abandono, sob os quais se dobra, sofre e se revolta, mesmo assim, aprendendo e se purificando sem o perceber.

Estagnado na personalidade restrita do presente deixa de dar vôos mais altos, nos quais poderia vislumbrar sua origem divina e sua meta plenificadora. Enquanto atrelado às questões comezinhas permanece de costas para Deus que o ama, e eterniza a seqüência de tempo no qual o ontem é repleto de culpas e o amanhã cheio de sobressaltos.

Quando verdadeiramente encontrar-se com Deus e situar-se na posição correta em relação a si mesmo, certamente viverá melhor.

O QUE SIGNIFICA SER FELIZ?

*M*uitos reclamam a ausência da felicidade sem, perfeitamente, saber o que significa ser feliz.

Permanecem na expectativa de uma existência sem dificuldades, sem desafios, repleta de regalias. Esquecem-se que viver é justamente isso: enfrentar desafios, vencer dificuldades, pois só ultrapassando barreiras e vencendo limites e resistências que se cresce.

Alguns perseguem um relacionamento afetivo perfeito, no qual a harmonia resulte de sentimentos completamente conhecidos e controlados. Porém se não conseguimos ainda, praticar o verdadeiro amor fraterno, como conseguir esse equilíbrio sem sacrificar quem quer que seja? Somos, por enquanto, incapazes de perdoar, renunciar e aceitar aqueles que não enxergam sob nossa ótica e isso conseqüentemente faz de nós criaturas em constante disputa de poder.

De angústia em angústia, de reclamação em reclamação, vamos percorrendo a existência, deixando de aproveitar a sua grandeza porque ficamos esperando que algo indefinido produza em nós uma imensa felicidade que não soubemos construir por nós mesmos.

A felicidade nunca virá se não sabemos o que é e onde está. Não basta apenas idealizarmos mas é preciso acima de tudo buscar, lutar, enfrentar, colocar mãos à obra. Objetivos, metas e planos são componentes da vida do ser consciente que sabe porque existe e sabe que a felicidade é sempre o resultado de uma existência bem construída.

DIFÍCIL É CONSOLAR-SE...

A criatura humana possui indefectível beleza. Possuidora de aparelhagem física das mais arrojadas e perfeitas é, ainda, agraciada de possibilidades infinitas no campo da razão e do sentimento.

Entretanto, este universo divino em miniatura padece muito quando seu condutor espiritual, inconsciente da riqueza que possui nas mãos, deixa-se arrastar por paixões e experiências menos dignificantes que se materializam em atitudes que vão dos cuidados excessivos, ao completo desrespeito ao vaso orgânico, na tentativa insana de buscar uma satisfação completamente indefinida e inatingível.

O mais difícil é consolar-se. É compreender que na experiência física tudo é possibilidade nova, tudo é vivência, tudo é crescimento, e que o corpo físico é nada mais que um instrumento na consecução destes misteres.

Enquanto não nos **capacitarmos** para viver um mundo melhor, será praticamente impossível sua consolidação. Enquanto não praticarmos verdadeiramente o bem e a harmonia, eles serão apenas parte de um ideário de utopias inatingíveis. Enquanto não cumprirmos aquilo que pregamos, não poderemos exigir comprometimento dos outros, pois nós mesmos não nos comprometemos.

Seguir Jesus é compreender a existência de diferenças dentro da igualdade, é perceber que a paz existe até mesmo dentro da nossa luta íntima, é compreender a totalidade, ainda que convivendo com a restrição.

É acima de qualquer dificuldade e em qualquer tempo, estar consciente de que a vida é o somatório de cada momento que se compõe de pequeninas frações de segundo nas quais a vontade de Deus se manifesta.

SAÚDE

*E*ntenda-se por saúde o conjunto de condições que proporcionam ao indivíduo a posse ou a carência desta.

Criaturas supostamente utilitárias, tentamos reduzir ao espaço ocupado pela forma física o condicionante único do estado saudável ou doente, deliberadamente ignorando que há muitos outros.

Saúde é, em verdade, o conjunto de características psico-físico-biológicas que conferem ao indivíduo o suprimento necessário de vitalidade para viver com tranqüilidade, paz de espírito, livre de doenças, angústias e sentimentos negativos.

Por bem-estar físico ou saúde física entende-se o perfeito funcionamento da máquina biológica humana composta por células, tecidos, órgãos e sistemas especializados a cada função terrena. Entretanto, é bem sabido que o comando da máquina física compete ao Espírito, e daí infere-se o conceito de saúde mental como se a mente ou a ação pensar fosse a única função do Espírito.

É bem sabido que a doença que se manifesta no corpo carnal reflete a distonia do Espírito, este sim verdadeiramente enfermo por comportamentos, atitudes, pensamentos ou um passado de experiências mal consolidadas.

Pensar mal é a forma mais corriqueira de construir distonias do Espírito e conseqüentemente doenças no corpo.

Quem pensa mal, não é saudável; não é mentalmente equilibrado e, portanto, não pode manter um corpo físico saudável.

Quem tem maus sentimentos também não pode ser saudável, porque apenas sente o mal aquele em cujo íntimo o mal já esteja instalado.

Nossa saúde resulta daquilo que verdadeiramente somos. Se sentimos dores, mal-estares, se padecemos por disfunções e distúrbios, urge refletirmos para bem aquilatar onde estão arraigadas as doenças que nosso físico apenas reflete. Lembrando que a doença física já se configurou no Espírito por tendência, busquemos verificar onde estamos errando, quais as nossas mazelas.

Se são nossos pensamentos. Corrijamo-los. Se são nossos sentimentos. Controlemo-los. Se são nossas atitudes reformulemos nossa forma de ser. Se são nossas dúvidas, medos, tristezas, vícios, falta de fé — reflexão, oração, vigilância constante e muita coragem.

Somente com esforço e dedicação lograremos a paz íntima que nos garante a saúde física, mental e espiritual.

A FÉ REMOVE MONTANHAS

Nos dias atuais a fé é sempre citada como remédio milagroso para todos os males espirituais da humanidade. Há sempre alguém exortando a necessidade da fé. Mas, ter fé implica muito mais uma disposição íntima do que a adoção de uma conduta.

A fé deve fazer parte do mundo interior da criatura, antes de mais nada. Somente aquele que tem fé em si mesmo consegue enfrentar barreiras, superar obstáculos, suportar as dores do mundo.

Ter fé significa acreditar que a força divina reside dentro de nós e está sempre disponível para qualquer evento.

Ter fé é muito mais do que simplesmente crer, é também ir em busca do que transcende a compreensão do imediato. É humildemente acreditar que cada evento, cada situação e cada acontecimento tem sua razão de ser.

Na superação dos percalços imediatos a criatura vai conquistando a fé em si mesma que a capacita a construir a fé no eterno, a compreensão da lei divina e a sentir a imensidão do amor de Deus que orienta nosso roteiro de vida para a paz íntima.

Só quem tem fé verdadeira, auto-construída e consolidada é capaz de compreender a vida superior que nos aguarda. Somente quem exercita constantemente a fé pode encontrar em si mesmo o Deus-Pai, magnífico, que o inunda com seu supremo amor.

Criaturas criadas para a luz maior, só através da fé será possível atingir aquilo que hoje nos parece inatingível: vislumbrar o mais remoto, compreender o ininteligível, tocar o intangível.

ORAR CONSCIENTEMENTE

"E quando orardes, não façais como os fariseus que fazem alarde e mostram-se contristados, a fim de que todos percebam que jejuam e fazem penitência. Entra tu no íntimo de teu aposento e em secreto ora ao Pai que também em secreto te ouvirá..."

O verdadeiro valor da prece não se concentra na palavra ou na publicidade que dela se faça. Costumeiras ainda são as ladainhas, as novenas, trezenas, terços e outras práticas religiosas que pela repetição e pelo alarido intentam fazer com que Deus ouça nosso pedido. Entretanto o que Ele verdadeiramente ouve não precisa ser repetido ou alardeado, basta apenas ser sentido.

A maior prece é a caridade. Aquela que se manifesta no ato sublime de doar-se. É na prática do bem que se resume nossa mais sublime oração.

Quando desejamos que Deus ouça nossa prece, estejamos certos que só praticando o bem assim lograremos. Sem interesse, sem falsidade, sem desejo de recompensa ou de gratidão.

A maior recompensa é saber que Deus nos fez possuidores de instrumentos para auxiliar o nosso próximo, possibilidade que nem todas as criaturas dispõem.

Assim, fortalecendo nossa consciência no bem, consultemos nosso coração, questionando-o quando foi a última vez que sentimos Deus muito próximo e, certamente, concluiremos que foi no exato momento em que fomos capazes de doar de nós mesmos a quem nos pediu, partilhando com Ele a grandeza deste ato.

EVOLUÇÃO PELA CARIDADE

Bem conhecida de todos é a passagem da vida de Jesus na qual Ele os exorta à caridade, proferindo as seguintes palavras: "Tive sede e me deste de beber, tive fome e me deste de comer; estive doente e de mim cuidastes; estive preso e fostes me visitar..."

Palavras as quais os discípulos espantados questionaram da seguinte forma: "Mestre, quando foi que tiveste sede e te saciamos; quando foi que estiveste faminto e te alimentamos ou quando estiveste doente e de ti nos ocupamos e ainda, quando estiveste preso e te visitamos?" E o Mestre em sua doce humildade responde: "Todas as vezes que uma destas coisas fizestes a um destes pequeninos, foi a mim que o fizestes".

Neste diálogo tão sublime entre Jesus e seus discípulos encontra-se mais que uma exortação à caridade. Aí está também, um ensinamento a ser aprendido e praticado.

Todas as vezes em que intentamos a prática do bem, propomos a ordem e o entendimento, possibilitamos a elevação moral, estamos colaborando com a imensa obra do Cristo na terra, cujo objetivo principal é a transformação do planeta através da transformação do indivíduo.

Todas as vezes em que somos suficientemente corajosos para observar o cumprimento destes sábios desígnios em nós mesmos, produzimos a germinação interior da semente da paz que, encontrando a condição propícia, frutifica no amor e na consciência do dever cumprido para com o próximo e consigo mesmo.

Caminhar pela vida terrena deixando a marca da boa obra realizada, é a única maneira de construir um futuro de paz e harmonia para todo aquele que entende a evolução da humanidade como tarefa de todos nós.

OS CICLOS DA NATUREZA E OS SENTIMENTOS HUMANOS

Sede pacientes como a natureza e aguardai o ciclo intrínseco de cada evento, para que em teu coração o desejo de realização jamais se transforme em tirania e destruição.

Não são incomuns os desejos humanos de realização completa e imediata. Especialmente no que tange a sentimentos, acreditamos que tudo se torna claro e definido para os outros, a partir do momento que nós saibamos o que de fato e verdadeiramente sentimos, isto é, quase nunca.

Quando nos sentimos frustrados procuramos de forma, às vezes rude, manipular o sentimento dos outros para que se ajuste à nossa maneira de sentir. Em certos momentos nossos sentimentos se brutalizam a ponto de nos julgarmos no direito de obrigar outras pessoas a compartilharem conosco o que é benéfico exclusivamente para nós. Agimos na intenção mesquinha de fazermos os outros se dobrarem a nossos ideais, nossos desejos íntimos e realizar nossas fantasias.

É bem verdade que a própria vida acaba se incumbindo de nos trazer à razão, pois na realidade cada um encara a vida segundo uma ótica particular e exclusiva, cada um carrega seus desejos, ideais, fantasias; cada um tem seus próprios sentimentos e estes, nem sempre se ajustam ao desejo daqueles que exigem definições para o indefinível.

Ao observarmos a natureza perceberemos que existe uma capacidade infinita de adaptação, baseada no respeito ao ciclo e à velocidade de cada evento que somente se modificam através da vontade de Deus. Todas as vezes que o homem tenta subverter qualquer destes condicionantes a natureza se volta contra ele e o destrói.

Assim também com relação a sentimentos: Se não desejamos ser destruídos pela nossa própria falta de cuidado, aguardemos pacientemente a maturação de cada evento de nossa vida, lutando operosamente para concretizá-lo, sem contudo intimidar, manipular ou corromper seja quem for, o que for.

Acreditemos firmemente que Deus nos proporciona o que for melhor, aguardando nosso esforço e não nossa obstinação e teimosia.

JULGAMENTO PRECIPITADO

A natureza humana é pródiga em análises superficiais, especialmente quando o objeto da análise circunscreve-se a atitudes alheias.

Geralmente envolvidos pela capa da parcialidade preconceituosa, centralizamos em nós mesmos o modelo correto de entendimento do mundo e das questões humanas. Requisitamos para nós mesmos a maior coerência, a maior capacidade de entendimento, a experiência e também o maior sofrimento; nossa dor é sempre muito maior que a de qualquer ser humano; nossa necessidade é sempre mais pungente que a de qualquer outro.

Somos verdadeiramente incapazes de aguardar e compreender, especialmente quando nos apiedamos de nós mesmos diante dos momentos difíceis que a vida nos proporciona como oportunidade de aprendizado.

O ato de compreender verdadeiramente e o desejo de buscar o entendimento sem julgamentos precipitados, aliados a uma visão ampliada da natureza falível que está presente em cada criatura, proporciona ao ser humano o amadurecimento suficiente para colocar-se acima dos choques originados por atitudes, aceitando-as como forma pessoal de entendimento dos processos da existência humana. Passamos, assim, a não sermos mais detentores da verdade, não padecermos pelo maior sofrimento que um homem pode suportar, e não carregarmos a maior necessidade ou a melhor experiência que um indivíduo pode ter.

Passamos a nos compreender como criaturas tão necessitadas quanto qualquer outra, antes de tudo de compreensão, boa vontade e bom senso para perceber que com serenidade íntima tudo é conseguido.

O amor divino é infinito, mas proporciona a cada um a cota necessária e suficiente para completa saciedade dentro dos desafios de cada um.

Em verdade Deus nos ama tanto que permite que soframos a fim de que compreendamos que, no Universo, não somos únicos, somos muitos e todos sujeitos a erros, enganos, carentes de amor, porém potencialmente auto-realizáveis desde que aceitemos que a justiça divina se espalha sobre toda a criação de forma eqüitativa, mesmo que não a possamos compreender.

A FORÇA DA COMPAIXÃO

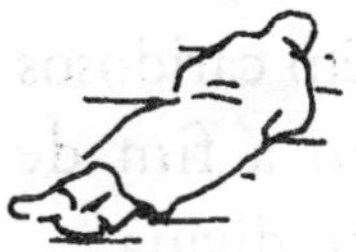

De todos os sentimentos humanos, aqueles que mais elevam a criatura, são os que mobilizam iniciativas na busca do bem ao próximo.

A compaixão é o primeiro deles. Maravilhosa força interior que faz com que o indivíduo, diante da necessidade alheia, reúna as forças de que dispõe e se proponha a auxiliar.

Maior ainda que a compaixão, a fraternidade, além de força interior é também um sentimento que retempera e faz crescer a paz íntima daquele que se permite senti-la.

Muito maior ainda que os dois primeiros é a caridade o sentimento maior, que através da união de emoções sublimes, diretamente emanadas da fonte divina, tocam o coração humano, inundam-no de suavidade e preenchem positivamente o íntimo daquele que a cultiva.

Porém a verdadeira caridade é anônima e impessoal, pois não espera reconhecimento de espécie alguma, não é interesseira e não se detém apenas na necessidade material, embora seja esta sua principal motivadora. Não se restringe aos atos mas considera especialmente as palavras e os sentimentos. Não julga, nem condiciona, apenas se coloca à disposição.

Ser caridoso é em boa sinonímia, ser grande, de uma grandeza interior incomensurável, impossível de ser medida, pois simplesmente não se predispõe a isso. Existe pelo prazer de servir, é bela pela possibilidade de ajudar, é nobre por todo o consolo que pode produzir.

Assim como Deus é infinitamente caridoso com cada uma de suas criaturas, sejamos nós também caridosos para conosco mesmos, com nosso próximo a fim de nos engrandecermos na glória de nossa filiação divina.

OLHOS, A LUZ DO ESPÍRITO

Em mais de uma oportunidade referiu-se Jesus à necessária pureza que deveríamos cultivar no ato de ver.

Com efeito, a maldade, a feiura, o pecado, a imperfeição estão mais nos olhos de quem observa. Se fôssemos capazes de procurar o bem, a ordem, a harmonia, a beleza e as infinitas possibilidades de cada situação que se nos apresenta, certamente não haveria muito espaço para a intolerância, a imprudência e a falta completa de amor.

Somos todos Espíritos, originados no mesmo criador, embora trilhando trajetórias evolutivas diferenciadas. Analisamos e avaliamos cada evento segundo nossa maneira de ver e sentir individuais.

Por mais afinidades que desenvolvamos entre nós mesmos, é impossível que venhamos a enxergar um determinado acontecimento sob o mesmo ponto de vista, com os mesmos sentimentos, com a mesma compreensão. Entretanto, muito ao contrário do que se imagina, essa diversidade de entendimentos é obra divina no intuito de que da multiplicidade se construa a unidade perfeita, das diferenças se estabeleçam as identidades irretocáveis.

Porém, o que não raramente acontece é que nos apropriamos da verdade. Consideramos que apenas nosso entendimento é correto, apenas nossa ótica é coerente e que, portanto, deve ser imposta e universalizada. Mas aquele que se enclausura em sua própria intolerância, se fecha em sua própria ideologia, perde a oportunidade preciosa de ouvir quem muito poderia contribuir para seu crescimento, pois traz consigo uma maneira de perceber diferente, nem melhor, nem pior, nem certa, nem errada, apenas diferente e, por isso, valiosíssima.

Aquele que compartilha a experiência da descoberta constante, através da reflexão sobre o entendimento alheio, vislumbra possibilidades infinitas do sucesso que o Pai confere a todo aquele que verdadeiramente compreende Sua mensagem.

GRATIDÃO

Agradece pela luz que teus olhos ilumina. Embora ela possa ser tão forte que te deixe virtualmente ofuscado, lembra-te que há aqueles que não poderão se iluminar com ela.

Agradece pelo vento que te refresca a face. Embora ele possa se tornar violento e arrastar o que te pertence, lembra-te dos benefícios de renovação da atmosfera que através dele se produzem.

Agradece pela chuva que te molha os cabelos, mesmo que se torne uma tormenta, lembra-te da necessidade que toda natureza tem de água.

Agradece pelo perfume das flores, agradece pelo odor da decomposição, agradece a tudo e a todos pela oportunidade que tens de existir. Lembra-te que a vida enquanto se exprime no amor é tal qual o perfume da flor, e quando desvanece no ódio é comparável ao odor da decomposição.

Agradece pelo parente que visita o teu lar pela porta da reencarnação, mesmo que ele seja a pedra em teu caminho. Avalia a oportunidade bendita que Deus te oferece de transformá-lo no teu ente mais querido.

Agradece por tudo com que Deus te proveu, mas não te esqueças de agradecer especialmente por aquilo que te falta, pois se o tivesses não saberias como usá-lo corretamente.

Agradece pela esperança mesmo que ela não seja mais que uma faísca na escuridão do teu íntimo. Avalia, o que seria de ti se nem com tão pouco pudesses contar?

Agradece por teus dons, por tuas virtudes, por tua beleza, por tua capacidade de amar.

Enaltece em ti a cada novo dia a capacidade de doar-te e de servir, pois são estas as verdadeiras forças que te aproximarão de Deus.

Agradeço por me teres escutado.

SÃO SIMPLES

Se o mundo vos parece estranho e agressivo.

Se a convivência junto à família vos parece insuportável.

Se o templo de vossa fé já não atende vossa expectativa de equilíbrio íntimo.

Se a palavra amiga não mais consegue atingir vosso coração. É bastante provável que tenhais permitido que as trevas da amargura ensombreçam vossa morada íntima.

Os valores que Deus vos propõe como parâmetros de orientação na busca da evolução espiritual **são simples**, despojados de ritualismos, fórmulas secretas ou qualquer qualidade especial. Pedem apenas para serem vivenciados com a mesma simplicidade com que foram propostos.

Nós, é que tendemos a complicar o que é simples: nos unimos pelo matrimônio no intuito de construir o precioso ambiente da família, entretanto, em vez de valorizarmos as infinitas possibilidades de crescimento advindas da convivência, do exercício reiterado do amor, da renúncia e da paciência nos deixamos atropelar pelas exigências materiais do conforto, do luxo e dos modismos; passamos a nos controlar mutuamente pelo ciúme e pelo dinheiro, desperdiçando valiosas oportunidades.

Nos templos religiosos onde os mais altos preceitos morais, a fé e a elevação do espírito devem ser buscados interiormente, nos perdemos nas discussões improdutivas sobre o culto, a liturgia, o ritual, o comportamento alheio, desprezando o que há de mais nobre no ser humano que é o sentimento.

Unimo-nos nas associações profissionais, nas agremiações esportivas, nos sindicatos, etc. e, costumeiramente subvertemos o objetivo primeiro em detrimento de imediatismos oportunistas, meramente pessoais e de pequena importância.

É preciso vivenciar a plenitude para compreender a grandeza de Deus. É preciso buscar essa plenitude dentro de cada criatura e dentro de nós mesmos para nos suprirmos de compreensão, compreendendo o outro. É absolutamente indispensável tentar, obstinadamente, entender o universo como morada de todos, nossa família como reunião de diversos, nosso templo como comunhão de afins, nosso trabalho como conjunção de esforços, e a vida como possibilidade de todos.

Nunca estamos sós, jamais estaremos; mesmo que isolados. Nunca construiremos nada que nos atenda exclusivamente, mas sempre, mesmo que nosso orgulho se negue a ver, estaremos fazendo para muitos.

Os Temas Doutrinários e Evangélicos

O Redentor
Vida, obra e ensinamentos do Mestre da Galiléia.

Relembrando o Passado
Casos diversos vividos em 35 anos de experiências doutrinárias.

Comentários Evangélicos
Comentários evangélicos pelo dr. Bezerra de Menezes.

Verdades e Conceitos I e II
O ideal de Aliança em importantes resoluções históricas.

O Livre-arbítrio
O livre-arbítrio e a evolução do espírito são aqui dissecados na lógica espírita.

Religiões e Filosofias
Estudo comparado entre as religiões e filosofias de ontem e de hoje.

Respondendo e Esclarecendo
Resposta e centenas de questionamentos sobre Doutrina Espírita.

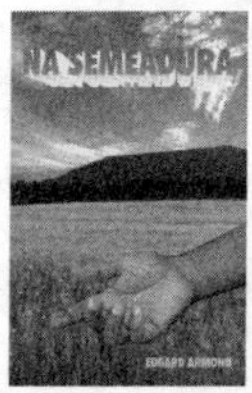

Semeadura I e II
Temas doutrinários abordados com objetividade e clareza..

Enquanto é Tempo
Pontos essenciais da Doutrina dos Espíritos.

Salmos
Enaltecimento à evolução e à reforma íntima pelo Evangelho.

Mensagens e Instruções
Importantes mensagens de Edgard Armond aos trabalhadores espíritas.

Lendo e Aprendendo
Mais temas doutrinários, com índice remissivo de *Semeadura I e II*.

Na Seara do Evangelho
Focaliza assuntos da vivência diária, com explicações doutrinárias.

Prática Mediúnica
Levantamentos sobre a realidade da prática mediúnica e melhores direcionamentos a respeito.

Tiradentes Missionário
Prosa e verso sobre o momento espiritual da Inconfidência e Tiradentes missionário.

Falando ao Coração
Coletânea com orientações que auxiliam na transformação do homem-velho para o homem-novo.

O Espiritismo e a Próxima Renovação
Coletânea de estudos doutrinários abordando temas diversos.

Conheça também nossas edições em espanhol:

EDUCAÇÃO?... EVANGELIZAÇÃO?...

A CRIANÇA SEMPRE EM 1º LUGAR!

Se deseja que seu grupo espírita receba informativos e os novos lançamentos da área editorial de evangelização infanto-juvenil desta editora, por favor preencha os dados abaixo e envie-os para:
Editora Aliança, Rua Francisca Miquelina, 259 – Bela Vista – São Paulo – SP – CEP 01316-000

Qual a Casa Espírita que frequenta:

End.: Nº

Bairro Cidade: Est.:

CEP: Fone (contato):

A Casa possui Evangelização Infanto-juvenil? ☐ Sim ☐ Não

Responsável:

Quantas crianças atende normalmente? Quantos evangelizadores possui?